AF245411

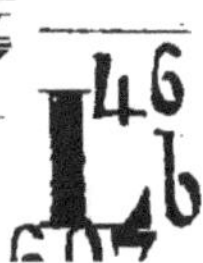

LE CRI PUBLIC.

Gagné par les événemens, j'eusse supprimé cet écrit, si quelques réflexions qu'il contient n'étaient pas encore applicables dans le moment présent. Au surplus, on verra que ce que j'ai pensé, ce que j'ai dit il y a dix jours, je le pense et je le dis encore aujourd'hui.

Je profite de la circonstance pour m'expliquer plus sévèrement que je ne l'avais fait, sur la conduite de ces hommes, qui naguères encore auraient pu s'associer au grand œuvre du salut de la France, et ne l'ont pas voulu. Ils auraient pu donner quelqu'importance à leurs délibérations par des propositions sages et appropriées aux circonstances ; propositions auxquelles ils auraient imprimé un caractère de dignité par une abdication spontanée faite ou annoncée dans un moment où la nécessité n'en avait pas encore frappé tous les yeux ; mais que signifie la parade qu'ils viennent de jouer, au moment qu'ils ne pouvaient plus rien ?

On leur fera un reproche plus sérieux : pourquoi ont-ils associé à ces principes éternels, et gravés aujourd'hui dans tous les cœurs, principes presque tous consacrés par la charte ; dans quelle intention y ont ils joint des demandes qu'ils savaient ne pouvoir être accueillies ; pourquoi ont-ils fait une loi fondamentale d'une disposition, quoi qu'on dise, fort indifférente au fond ; mais dont le rejet peut exciter des mécontentements dans l'armée, et donner lieu d'ailleurs à de fausses interprétations ?

Se serait-on souvenu de l'art. 27 du fameux acte additionnel, où à des dispositions consacrées par l'opinion, par le temps, et sur lesquelles il n'était plus au pouvoir de personne de revenir, mais dont le souvenir devait flatter la multitude, on mêla l'exclusion d'une famille dont le chef, six semaines après, devait être chargé du destin de la France?

Et l'on ose encore aujourd'hui faire un appel aux générations futures pour le maintien de certaines lois qui ne peuvent pas même avoir d'exécution dans l'état actuel des choses. Cet appel, il est vrai, ne tirera pas à conséquence; espérons que les autres, d'une nature plus sérieuse, ne seront pas entendu davantage.

Dans ces circonstances, qui ont fait naître de nouvelles inquiétudes, attendons tout de la sagesse du Roi. Un prince qui, pour arrêter l'effnsion du sang français, a désarmé lui-même ses plus ardents défenseurs, ne laissera rien à désirer en ce qui peut, dans la disposition actuelle des esprits, rassurer la nation entière sur la conservation de ses plus chers intérêts, et je dirai sur le maintien de ses droits.

LE CRI PUBLIC.

VOILA dix jours que les Chambres délibèrent depuis la grande catastrophe, et d'heure en heure la France s'enfonce de plus en plus dans l'abîme. Ce n'est pas assurément que les hommes sincèrement attachés aux intérêts de leur pays, et étrangers à tous les partis, ayent pensé qu'il fallait mendier la paix, et recevoir sans conditions les lois de l'ennemi. — Non. — Eux aussi ont voulu que tous les efforts se réunissent pour présenter des moyens de défense respectables; mais aussi ils comprirent, dès cet instant fatal et voyant l'état général de la France, qu'il ne restait qu'un seul parti à prendre pour sauver du moins à l'état de plus grands maux, et des sacrifices inutiles.

Fort indifférent à plaire à aucun parti, je raisonne, et dis les choses comme elles sont. Les déclamations les plus éloquentes ne sont que des mots dès qu'elles ne touchent pas au but. Je dirai d'abord à ceux-là mêmes, qui plus qu'ils ne doivent confondent la cause de la patrie avec la leur, qu'ils se sont trompés dans leur propre intérêt. Mais mon principal objet est de parler surtout à ce grand nombre d'hommes élevés dans la révolution, qui peuvent conserver de la répugnance pour un gouvernement qui a eu le tort, le plus grand de tous, celui de ne pas connaître sa position, et surtout de faire craindre beaucoup plus, qu'il ne fut jamais dans son intention de faire ; ceux-là recevront sans peine un roi français, dès qu'ils verront dans des lois constitutionnelles la garantie de leurs intérêts les plus chers et les plus essentiels, je dirai, la garantie des intérêts de tous. Nous verrons tout à l'heure si ce sont véritablement ces intérêts-là qui seront compromis en adoptant le seul parti qui nous reste à prendre.

Dans les cas extrêmes, il n'est presque toujours qu'une seule voie de salut. Malheur à celui qui se jète dans de fausses routes.

C'est ainsi que même les bonnes mesures qu'on a prises seront perdues, j'entends celles de cette noble et courageuse défense, que l'honneur et l'intérêt de la patrie commandent. Quand je dis qu'elles seraient perdues, je suis loin peut-être d'en dire assez. Cette résistance, qui doit commander le respect au vainqueur peut tourner au détriment de la France, à raison du but qu'on suppose à ceux qui la dirigent.

Si celui qui s'assimilait à ce roi d'Athènes, s'immolant pour sauver la patrie, avait été susceptible de semblables sentiments ; si, lorsqu'il avait perdu tout espoir de se réconcilier avec les puissances étrangères , et à cette époque où il voyait toute l'Europe prête à se verser sur la France ; si alors il avait solennellement ab-diqué , et fait librement , avec sagesse , et en montrant une véritable grandeur d'âme , ce qu'il a fait forcément dans les derniers moments , et je dirai en montrant des intentions insidieuses ; si , lorsqu'il présentait encore des forces res-pectables au-dehors , il eût même donné une constitution à la France qui fût dans l'intérêt de tous ; si , voulant enfin se parer de grands exem-ples , il avait fait jurer qu'on observerait les lois établies jusqu'à son retour , je pense qu'on n'eût pas exigé qu'il se jetât dans la mer , comme un autre Licurgue , pour ôter aux Français tout pré-texte de manquer à leurs serments , et pour assu-rer les puissances contre le danger de son retour.

Je sais que dans l'esprit de l'homme c'était impossible ; mais il n'en est pas moins vrai qu'on eût ainsi prévenu la guerre , et arrêté la marche dés armées , qui fondirent sur la France de toutes les régions de l'Europe.

Je ne cite cet exemple, que pour mieux faire comprendre que dans les grandes affaires le mo-ment fait tout. — Je le cite , non seulement pour faire sentir à ceux qui avaient à régler la des-tinée de la France , ce qu'ils auraient dû faire il y a dix jours , mais qu'ont encore à faire ceux qui ne disent pas *après moi le déluge* ; ceux qui comptent pour quelque chose la perte de cent mille Français. — En me réduisant à ce nombre, je n'ai pas besoin de porter més regards sur toute la surface de la France.

J'irai au fait ; suivront après quelques raisonnements sur des objets particuliers à l'appui de mon opinion. Aujourd'hui encore, quoique ce soit bien tard, le gouvernement et les chambres mériteront la reconnaissance de la patrie, si stipulant au nom de la nation, et adressant à Louis cette constitution même, qu'ils viè,nent d'ébaucher, ils prènent l'engagement solennel *qu'ils prononceront eux-mêmes leur dissolution*, dès l'instant que cette constitution serait acceptée, du moment que le Roi aurait déclaré qu'il soumettra à l'acceptation de la nation ce projet de constitution, avec les modifications qu'il aurait cru devoir y faire, mais qui ne toucheraient pas aux droits essentiels des Français. Il est plus d'un mode de faire concourir la nation à la confection du pacte social. Mais en adoptant même celui qui a été pratiqué jusqu'ici, on verrait si dans cette circonstance son acceptation a le caractère d'un assentiment réfléchi, vrai, et libre de la nation.

Du moment que le Roi aurait parlé, la commission provisoire remettrait aux commissaires du Roi les rênes du gouvernement, en l'invitant de se rendre le plus tôt possible, dans la capitale. Pour ce grand acte, ils auront légitimé leurs pouvoirs par leur intention.

C'est là l'adresse qu'ils doivent envoyer aux armées et au peuple. En vain, dira-t-on, que ce serait signer *le testament de l'armée.* — Cette armée ne combattant plus dès lors pour un parti, et pour les intérêts de quelques hommes ; mais pour l'intérêt de tous, et pour assurer un avenir heureux à sa patrie, aura dignement couronné la glorieuse carrière qu'elle a parcourue pendant 25 ans : c'est ainsi qu'elle aura effacé des torts de faiblesse, que la juste postérité sans cela ne lui aurait pas pardonnés.

N'en doutons pas, l'armée entendra ce langage. — La garde nationale de Paris, celle qui défend nos forteresses, l'entendra (1). Il est plusieurs généraux, de ceux-là même qui servent actuellement dans l'armée, dans la bouche desquels ce langage n'étonnerait pas. Choisissez pour faire le bien des hommes qui peuvent le faire.

C'est dans de pareils actes que les vrais amis

______

(1) Déjà le lendemain de la bataille du 18, il n'aurait pas étonné l'armée, et certes, deux jours plus tard, rien ne s'opposait plus à ce que le gouvernement provisoire et les chambres, lui eussent fait connaître ces résolutions si conformes à l'intérêt et au vœu de la nation.

Entourer le Roi, à son entrée en France, d'une armée de cent mille hommes, à quelque distance qu'elle eût pris sa position, c'eût été, je crois, avoir bien mérité de la France.

de la liberté verront la garantie de leurs plus chers intérêts; ils l'y verront bien mieux que dans des manifestes, dans des adresses, où l'on trouve des passages que la raison de ceux-là mêmes qui les ont rédigés, avait désavoués.

Supposons néanmoins que le Roi, pour ne pas consacrer des événements que je m'abstiendrai de caractériser, n'adoptât pas les mesures qu'on lui aurait proposées, supposons qu'il répondît seulement par un manifeste, où il assurât de nouveau à la nation tous les droits que la saine raison réclame, mais en persistant dans le mode, que dans un autre moment, et dans d'autres circonstances, on a eu, je dirai, l'impolitique de lui faire adopter; hé bien, croit-on qu'ils seraient de bonne foi ceux qui jèteraient des cris d'alarmes. Je dirai aux hommes sur qui pèse dans ce moment une si terrible responsabilité : Faites le bien, de la manière qu'il est en votre pouvoir de le faire.

En effet, si les principes d'une liberté sage sont de nouveau consacrés par la parole royale, et jurés par tous les princes de sa maison ; si les propriétés de toute nature sont de nouveau assurées par une déclaration spéciale, s'il n'est plus possible d'effrayer la classe la plus nombreuse de la nation par des dangers imaginaires, tels que le rétablissement des droits féodaux, des dîmes, etc.; si enfin la France jouit d'une représentation nationale , qui ne laisserait dans aucune circonstance envabir les droits sacrés de la nation, une représentation, qui saura bien qu'elle sera toujours appuyée par le vœu général de la nation, lorsqu'elle aura été fidèle à sa noble mission ; si même le Roi, en convoquant les anciennes Chambres, assemblait en même temps les colléges électoraux pour élire d'après les règles établies dans la Charte un certain nombre de députés , et renforcer ainsi la représentation nationale, mesure que l'opinion publique a préjugée, je demanderai alors aux vrais amis de leur pays, ce qui manquerait pour les rassurer sur le sort de la patrie? Alors l'armée aussi sentira qu'elle n'a pas combattu en vain pendant vingt ans. — Ce sera sur sa conduite, dans cette grande circonstance, que l'Europe jugera si elle est vraiment une armée de citoyens. Malheur à ceux qui l'égareraient de nouveau! Il viendrait le moment où cette armée ferait elle-même justice de ses séducteurs.

Attendrez-vous pour traiter, que les armées ennemies soient doublées? — Attendrez-vous, que trente départements du midi soient envahis à leur tour? — Attendrez-vous? — Mais je m'arrête.

C'est l'armée, c'est la France entière qu'on rendra victime de paralogismes, ou d'une réticence coupable. Que sont des proclamations et ces

rapports, auxquels on répondra par quatre mots ?
Lisez le traité de Paris ? Lisez seulement la
Proclamation des souverains, du 1er avril 1814.

Si ce fut une véritable calamité de délibérer
il y a huit jours sur la mesure, qui seule pou-
voit sauver la France, lorsque déjà vingt-cinq
départements s'étaient prononcés pour le parti
qu'ils voyaient appuyé par l'Europe entière
lorsqu'on n'avait plus aucun espoir de réduire
ces départements par la force; si alors il n'y
avait pas à balancer, que dira-t-on aujourd'hui,
lorsque la moitié de la France est envahie par les
ennemis, ou prête à l'être; lorsqu'il n'y a pas à
douter qu'ils favorisent le gouvernement que
l'on voudrait repousser, lorsque nous voyons
qu'ils ont contracté une alliance avec le prince
qui en est le chef?

Encore une fois, le parti qu'il faut prendre est
celui qui sauvera le plus de sacrifices à la nation,
celui qui épargnera le sang de ces braves qui si-
gnaleront, n'en doutons pas, le reste de leur vie
par une conduite digne d'eux; celui enfin qui
offre le seul moyen, oui, le seul moyen d'assu-
rer la véritable indépendance nationale, enfin
cet ordre de choses que tous les hommes rai-
sonnables veulent. Que ceux qui y mettent ob-
stacle, sachent qu'ils devront compte à la nation
de tous les maux qu'ils auront accumulés sur elle.

Combien de fois, dans la bouche de ceux qui

n'invoquaient que les lois qui étaient à leur usage, a retenti, depuis vingt-cinq ans, ce cri : le salut de la patrie est la suprême loi. Que ceux qui ont ou qui feignent des doutes, obéissent donc à cette loi éternelle.

On veut faire accréditer l'opinion, que l'Autriche changera de système. Le court armistice conclu avec un ou deux de ses généraux, et qui expire demain, donne quelque vraisemblance à cette conjecture. Je dis conjecture ; il serait ridicule de qualifier autrement une pareille assertion. Les généraux autrichiens, qui ont conclu cet armistice, ayant été instruits par notre général en chef de l'abdication de Bonaparte, cette circonstance, je l'accorderai, a pu les déterminer, au défaut d'autres raisons relatives à des dispositions militaires; mais au moment où ils conclurent cet armistice, ils ne connaissaient assurément pas les intentions de leur gouvernement, que la décision des souverains, qui excluait même le fils de Marie-Louise, un enfant de quatre ans, de la succession de sa mère, ne devait pas faire présumer favorable au dessein qu'on suppose.

On dit aussi, sans qu'on sache pourquoi, que l'empereur de Russie adoptera la politique de l'Autriche. Hé bien, si telle est la détermination des deux cours dans ce moment, elle est déjà communiquée au cabinet de l'Angleterre, qui n'est pas celui qui ait le plus grand intérêt à s'y opposer ; alors cet écrit, dont elles n'auront probablement jamais connaissance, si tant est qu'il ne soit pas confondu à Paris même avec tant d'autres déjà oubliés, cet écrit n'aura nui en rien.

Ce serait un malheur pour la France, si les députés avaient reçu une réponse indécise ; mais certes, ni Alexandre, ni l'empereur d'Autriche n'aggraveront les conditions de la paix, parce que les Français seraient rentrés de nouveau sous le gouvernement de leur ancien Roi. En attendant, on s'est privé des services que celui-ci aurait pu rendre, et certes il ne devait rien épargner pour cela. Bientôt il ne pourra plus rien. Je vais dire mon opinion sur cette nouvelle vue politique, que des intérêts personnels ont seuls accréditée. Je me trompe fort, si l'Autriche ne montre pas, du moins la plus grande indifférence pour l'adoption de la régence, si toutefois sa politique ne lui conseille de montrer un véritable éloignement pour ce projet.

Si elle faisait soupçonner seulement qu'elle voulût tirer quelque parti de ses rapports plus intimes avec le gouvernement français, établi par la régence, ce serait une raison pour que toute la coalition s'y opposât. Le cabinet autrichien connaît mieux ses intérêts : il sait qu'il trouvera dans le gouvernement de Louis XVIII autant de garantie pour la conservation des avantages que l'Autriche a obtenus

par les dernières guerres, qu'il ne pourrait es-
pérer du gouvernement de la régence. Non,
l'empereur François ne se donnera pas le terrible
embarras d'influencer cette régence, et ne com-
pliquera pas ainsi inutilement sa politique, qui
ne doit être autre chose que de conserver ce
qu'il a. Je n'étendrai pas plus loin mes réflexions à ce sujet. Il est un objet plus impor-
tant sur lequel il convient de porter dans ce
moment nos regards. Examinons de bonne foi
ce que cet avenir, dont quelques hommes vou-
draient effrayer la nation, nous présente d'heureux ou d'inquiétant.

Il est à croire, que le Roi donnera bientôt une
déclaration relative aux évènements postérieurs à
son entrée sur les terres de France. Je ne connais
les deux déclarations, qui ont été lues à la Chambre
des représentants, que sur le rapport d'hommes
dignes de foi, qui en ont entendu la lecture.
Il ne paraît pas, qu'en substance elles laissent
beaucoup à désirer. Et je ne sais, si elles ex-
cluent l'espoir d'obtenir ce que les bons esprits
pourraient encore désirer pour la tranquillité
publique, et il est permis de dire pour la sû-
reté du trône. Il est vrai, qu'elles ont un autre
garant, à mes yeux le plus fort de tous. Le
cœur paternel du Roi se souviendra, que le
sang de cent mille Français a coulé, qu'il n'eût
fallu que quelques évènements toujours in-

certains, pour qu'encore trois cent mille Français eussent été la victime du désastreux bouleversement que nous venons d'éprouver. Un ministère quel qu'il fût, pourrait-il s'aveugler au point d'exposer la nation à avoir seulement à se rappeler une pareille catastrophe ? Cependant des hommes qui ne sont pas du nombre de ceux, qui immoleraient une génération pour le maintien d'un principe, pensent, qu'il serait du moins très-sage de déférer à une opinion qui est la plus accréditée dans la nation, et ils s'appuient d'exemples mémorables tirés d'un pays qu'on veut prendre pour modèle.

Lorsqu'on intervertit dans le dernier siècle l'ordre de la succession en Angleterre, Marie fille de Jacques, appelée au trône, ne donna pas de charte. Elle et son mari, qui lui fut associé, jurèrent le bill des droits présenté par le parlement, exerçant un pouvoir nécessaire, mais que l'usage même n'avait pas encore entièrement consacré. Enfin il faudrait répondre à un argument quoique peut-être plus spécieux que juste dans l'application. On a dit : ce qu'un Roi, qui eut de bonnes intentions a octroyé de sa propre autorité, dans cinquante ans un prince imbu de principes despotiques peut le reprendre.

Je sais que cinquante ans de possession et d'exercice d'une liberté raisonnable seraient la plus sûre de toutes les garanties ; mais cette garantie n'est encore que dans l'avenir. Au surplus, je pense que la doctrine, dont je parle , aurait pu se concilier avec le principe général de l'hérédité, tel qu'il importe au peuple, qu'il soit entendu. Mais sans entrer dans de plus longues discussions à ce sujet, je demande, si après l'arrivée du roi , il y a quinze mois, une constitution conçue dans le même conseil dont il s'était entouré, et contenant précisément les dispositions de la charte, avait été présentée à l'acceptation de la nation ; et qu'on eût, je suppose, suivi le même mode qu'on avait pratiqué jusqu'alors, je demande, si elle n'aurait pas été sanctionnée par quatre millions de signatures vraies et cordiales ? Qui aurait osé dire après cela que les cinq cent mille baïonnettes étrangères qui ont vengé les injures et les ravages du despote de la France, lui ont imposé son Roi ? Qu'on considère au contraire, quel contraste aurait présenté ce vœu formel et libre , énoncé par tous les Français exerçant les droits de citoyen, avec ce qu'on a vu en dernier lieu !

Encore aujourd'hui, pourquoi le Roi se refuserait-il à lui-même cette douce satisfaction, de voir tous ses sujets lui donner la preuve la plus incontestable de leur assentiment à l'ordre actuel des choses, et de leur fidélité à sa personne et à l'antique dynastie des Bourbons? Ce motif me paraîtrait suffire, au défaut de tout autre, pour faire adopter le mode des signatures individuelles. Alors l'Europe entière verrait quel était le souverain que la France réclamait.

Cependant si quelque circonstance s'opposait à l'exécution immédiate de cette mesure, l'assentiment général au pacte social pourrait être constaté d'une manière toute aussi solennelle, et qui aurait un caractère digne de ce grand acte.

Le Roi a annoncé la convocation prochaine des Chambres ; mais l'opinion générale, ainsi que l'ai déjà dit, réclame depuis longtemps une représentation nationale, proportionnée à l'étendue de l'empire ; il faudrait donc pour les départements de la population la plus faible, ordonner du moins l'élection d'un membre. Eh bien ! je pense que le but qu'on se propose serait atteint, si le Roi, dans sa proclamation pour la convocation des colléges électoraux, déclarait d'avance que les Chambres seraient appelées à signer, au nom de la nation, l'acte d'acceptation de la constitution, qui ayant été publiée d'avance, ne pourrait plus donner lieu à aucune nouvelle discussion.

Il n'est point à douter, que, pour cette fois, les colléges électoraux de département ne se réunissent au nombre voulu par la loi.

C.-F. PATRIS, imp.. rue de la Colombe, n° 4, en la Cité.